は じ め に

出版業界では紙媒体だけではなく、電子書籍‧等での出版も大きな比重を占めるようになって作現場のデジタル化による技術革新も大きく進

生産委員会では、各社の出版企画・販売の判断基準の参考となることをめざし、1993 年、2001 年、2005 年、2009 年、2016 年と過去に 5 回の「書籍の出版企画・製作等に関する実態調査」を実施してきました。それに続く 6 回目にあたる今回の調査でも、前回までと同様に、書籍の出版企画の決定のあり方等も含め、各社がどのような判断のもとに製作・出版管理しているのかを調査しました。

今回も設問に関しては、グラフ・表等を用いて前回と比較しやすいようにしました。数値が回答社全体でまとまっているもの、ばらつきのあるものがあって、単純に数値化することが困難な項目もありましたが、可能な限り、各社の回答を尊重して調査結果をまとめてみました。

なお、今回はできるだけ多くの会員社に回答いただけるよう 3 回にわたって協力をお願いしたため、集計に時間がかかってしまいましたが、結果として、183 社（46％）に回答いただくことができ、ここに貴重なデータがまとまりました。複数・多岐にわたる設問に、時間を割いていただきました各位に厚く御礼申し上げます。

この調査結果が、書籍出版業界の発展に少しでもお役にたてれば幸甚に存じます。

2022 年 11 月

一般社団法人　日本書籍出版協会

生産委員会委員長　曽根　良介

目　　　次

5．電子書籍について（雑誌は含めない） ・・・・・・・・・・・・・・・・・ 34

◆コラム

書籍の出版企画・製作等に関する実態調査

日本書籍出版協会・生産委員会

【調査概要】
① 調査対象者数（日本書籍出版協会会員社・2021年1月現在）：398社
② 調査対象期間：2021年10月〜2022年1月
③有効回答数：183社（46%）
※設問に*がついている項目は、新設した項目です

1. 出版企画について

（1） 出版企画は、主にどこから提案されますか。（複数回答可）

順位	部署名	回答数	%	順位	部署名	回答数	%
1	編集部員	164	89.6%	5	編集プロダクション等	29	15.8%
2	著者	80	43.7%	6	営業部員	26	14.2%
3	編集責任者	71	38.8%	7	営業責任者	16	8.7%
4	役員	42	23.0%	8	その他の社員	7	3.8%

【その他】5（3%）
記者、外部編集者、企画プロデューサー等、海外輸入

（2） 社外からの持ちこみ企画は出版しますか。

	A.著者の場合	B.編集プロダクションの場合
よくする	34　（18.6%）	4　（2.2%）
ときどきする	119　（65.0%）	59　（32.2%）
しない	27　（14.8%）	106　（57.9%）
記入なし	3　（1.6%）	14　（7.7%）

（3） 出版企画の会議は、定期的に開催していますか。

している	171 （93.4%）	していない	11 （6.0%）

◎記入なし1 （0.5%）

↓

次ページ

（企画開催のサイクル）

開催サイクル	回答数	%
月1回	80	41.7%
不定期・随時	39	20.3%
週1回	39	20.3%
月2回	1	0.5%
半年に1回	18	9.4%
週2回	6	3.1%
記入なし	1	0.5%

※前回との比較

2016年
4.2%
20.3%

(4) 出版企画の採否は、どこで決定しますか。

	回答数	%
企画会議	80	43.7%
役員会(社長決裁を含む)	37	20.2%
会議を経て役員会	35	19.1%
編集責任者	18	9.8%
役員会(社長決裁を含む)＋企画会議	2	1.1%
企画会議＋編集責任者	2	1.1%
その他	9	4.9%

【その他】
役員会(社長決裁を含む)＋会議を経て役員会＋企画会議、役員会(社長決裁を含む)＋
編集責任者、会議を経て役員会＋企画会議、企画会議＋最終的には教員による企画委
員会の確認、企画会議に社長も出席し決裁、編集長及び各部署責任者の総合検討会議、
編集部と営業部の合同会議、学内の出版委員会、個別の事情に応じて

(5) 出版助成を利用するのは1年間で何点ぐらいですか。

	回答数	%
0点	100	54.6%
1～10点	70	38.3%
11～30点	9	4.9%
31点以上	2	1.1%
記入なし	2	1.1%

*(5)-2 出版助成をどこから受けますか（複数回答可）。

	回答数	%
大学	59	73%
科学研究費助成事業（科研費）	54	67%
財団	26	32%
企業	16	20%
自治体	12	15%
その他	22	27%
【その他】海外の公的な助成金、翻訳助成		

(6) タイトル(書名)はどこで決めますか。（複数回答可）

	回答数	%
編集部（会議）	131	71.6%
著者	89	48.6%
営業部（会議）	45	24.6%
会議で　※	38	20.8%
その他	5	2.7%
【その他】 著者と編集者の話し合い（2）、担当者（1）、社長（1）		

※会議名

会議	回答数	会議	回答数
企画会議	9	販売会議	2
編集・営業会議	4	定価部数会議	1
タイトル会議	4	検討会議	1
役員会議	3	製品会議	1
社内・全体会議	2	発刊会議	1

*(6)-2 タイトルはどの段階で決めますか。

	回答数	%
刊行月決定時	93	50.8%
入稿開始時	51	27.9%
企画決定時	35	19.1%
企画提案時	13	7.1%
無回答	4	2.2%

(7) 単行本の企画から刊行まで、どのくらいの期間を要しますか。

最短（総数 182）		最長（総数 181）		平均（総数 182）	
1～3ヵ月	67（36.8%）	半年～1.5 年	32（17.7%）	2～6ヵ月	33（18.1%）
4～6ヵ月	88（48.4%）	2～4 年	80（44.2%）	7～12ヵ月	90（49.5%）
7～12ヵ月	27（14.8%）	5～10 年	46（25.4%）	13ヵ月～3 年	57（31.3%）
		10 年以上	23（12.7%）	3 年以上	2（1.1%）

(8) 著者と契約書を結んでいますか。

	回答数	%
書協の出版契約書ヒナ型（加工含む）	126	68.5%
自社形式で結んでいる	48	26.1%
結んでいない	4	2.2%
【結んでいない理由】 口頭契約、著者が希望してこないから、著者から所望された時は結ぶ ◎記入なし 6（3.3%）		

(8)-2 契約書はどの段階で結びますか。(複数回答可)

	回答数	%
刊行時	128	57.4%
企画成立時	45	20.2%
原稿受取時	40	17.9%
その他	10	4.5%
【その他】ケースバイケース（3）、刊行直前（2）、初刷部数が決まった時（1）、発売ひと月前（1）、制作中の場合あり（1）、随時（1）、企画成立時に結ぶ必要があると感じている（1）		

2. 編集関係について

(1) 編集者一人当たり、1年間に平均何点を仕上げますか。

	回答数	%
1〜4 点	46	25.1%
5〜9 点	96	52.5%
10〜15 点	31	16.9%
16 点以上	3	1.6%
記入なし	7	3.8%

(2) 刊行期日を決定するのはどこですか。(複数回答可)

	回答数	%
編集責任者	58	25.6%
担当編集部員	56	24.7%
会議	47	20.7%
営業部	38	16.7%
役員	11	4.8%
製作部	9	4.0%
その他	4	1.8%

【その他】
編集と営業で決定する、著者の希望、出版助成の取り決め、本学

◎記入なし 4(1.8%)

(3) 編集作業を外注することがありますか。

	回答数	%
①外注している	25	13.7%
②外注することがある	124	67.8%
③外注しない	30	16.4%
記入なし	4	2.2%

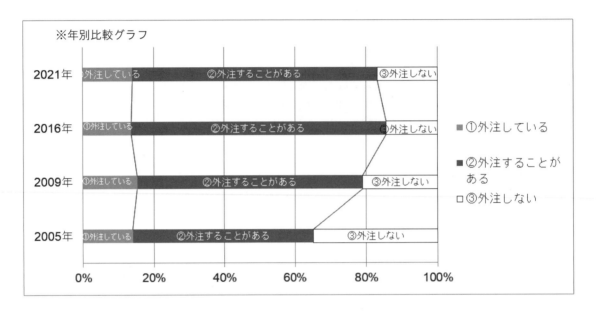

※年別比較グラフ

(3)-2 外注している内容は何ですか。(複数回答可) ※回答対象社 149 社

	回答数	%
校正	116	77.9%
編集作業	105	70.5%
制作	48	32.2%
企画	25	16.8%
その他	5	3.4%
【その他】デザイン、イラスト、装丁、文字起こし、プログラムの動作確認等、原則入稿整理まで		

10

(3)-3 外注する理由は何ですか。(複数回答可)　※回答対象社 149 社　　　※過去との比較

	回答数	%	2016 年	2009 年
人手不足	98	65.8%	11.8%	8.3%
期日を短縮するため	66	44.3%	57.4%	66.3%
専門性が高いため	66	44.3%	46.2%	39.8%
費用を安く抑えるため	13	8.7%	21.5%	34.8%
その他	4	2.7%		

【その他】企画数を増やすため、進行をスムーズにするため、
出版点数を増やすため、外部編集者からの持ち込み

(4) 装丁は主にどの部門等が担当していますか。(複数回答可)

	回答数	%
外注	125	68.3%
編集部門	76	41.5%
社内のデザイン・装丁部門	24	13.1%
製作部門	16	8.7%
その他	3	1.6%

【その他】社長、印刷会社のデザイン・装丁部門、営業主導で
編集部門とデザイナー

(5) 本文レイアウトは主にどの部門等が担当していますか。(複数回答可)

	回答数	%
編集部門	118	64.5%
外注	96	52.5%
社内のデザイン・装丁部門	15	8.2%
製作部門	13	7.1%
その他（印刷所）	2	1.1%

11

(6) 外注の装丁基準料(カバー、表紙、帯、扉)は平均いくら位ですか。　　　　　※過去との比較

	回答数	%	2016年	2009年	2005年
①5万円未満	22	12.0%	10.0%	12.9%	5.2%
②5～10万円未満	86	47.0%	51.1%	44.8%	31.4%
③10～15万円未満	53	29.0%	29.9%	28.9%	29.0%
④15万円以上	11	6.0%	1.3%	5.2%	16.7%
その他	11	6.0%			
記入なし	22	12.0%			

※年別比較グラフ

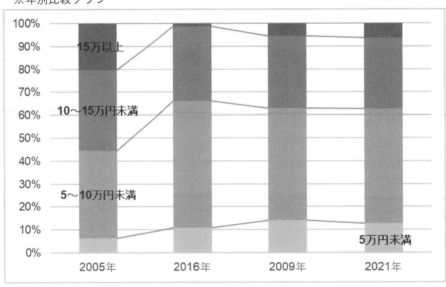

(6)-2 装丁料は。

	回答数	%
①買切制	167	91.3%
②印税方式	1	0.5%
③併用している	5	2.7%
記入なし	10	5.5%

12

3. 製作関係について

【印刷】

（1）組版は主にどこが行いますか。

組版を行う社の割合	回答数	%
◆ほとんど1社	111	60.7%
複数社で使い分け	66	36.1%

主に組版をしているのは	回答数	%
印刷会社	72	64.9%
組版会社	15	13.5%
デザイナー	13	11.7%
社内	8	7.2%
編集プロダクション	3	2.7%

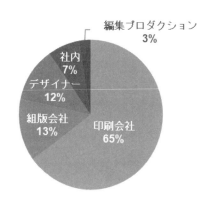

*（2）UV印刷をどの程度使っていますか（どこに何割くらい）

UV印刷	回答数	%
ほとんど使用せず	56	30.6%
ごく一部・まれ（10%未満）	28	15.3%
10〜40%	15	8.2%
50%	4	2.2%
60〜80%	7	3.8%
90%	3	1.6%
【割合なし】カバー、カラー印刷もの、写真集		

記入なし 69(37.7%)

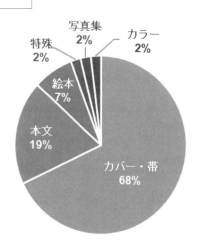

UV印刷の使用箇所

(3) 既刊本の在版フィルムの所有権について取り決めはありますか。

	回答数	%
出版社	48	26.2%
印刷会社	21	11.5%
取り決めはない	103	56.3%
フィルムはない・処分	4	2.2%
記入なし	7	3.8%

(4) 前刷の印刷所で在版フィルムの重版ができなくなった場合、どのようにしていますか。(複数回答可)

※回答対象社:140社

	回答数	%
CTPに移行	137	97.9%
オンデマンド化	39	27.9%
フィルムで刷れる印刷所を探す	39	27.9%
その他	23	16.4%
【その他】絶版・重版しない(7)、まだ該当する事例はない(4)、すでにフィルムはなし・すべてCTPに移行済(4)、新装版を刊行(2)、1から製作(1)、原本スキャン(1)、デジタル化(1)、ダイレクト印刷(1)、ケールバイケース(2)		

(5) 在版フィルムのCTP化について印刷会社からの具体的な要望はありますか。

	回答数	%
はい	81	44.3%
いいえ	81	44.3%
記入なし	21	11.5%

(5)-2 在版フィルムのCTP化を進めていますか。

	回答数	%
はい	92	50.3%
いいえ	72	39.3%
記入なし	19	10.4%

(5)-3 データ化する手段は。(複数回答可)

	回答数
フィルムからデータ化	51
原本からデータ化	72
その他	3

(5)-4 データ化する費用は。

	回答数	%
すべて出版社	55	30.1%
両社で分担	32	17.5%
すべて印刷会社	10	5.5%

(5)-5 CTP化する判断基準はありますか。

①はい	53	③ いいえ	45

【CTP化の判断基準】の具体例

・重版・販売・増刷（回答数：36）

・印刷所からの要望（回答数：6）

・フィルムの年数・劣化状態（回答数：5）

・データとして残すべきと判断したもの（回答数：5）

・ロングセラーのみ（回答数：2）

・コンテンツの賞味期限・内容により判断（回答数：2）

・すべてCTP化、改訂のタイミング

(6) コンテンツデータ（組版データ）の所有権について取り決めはありますか。

	回答数	%
取り決めはない	101	55.2%
出版社	61	33.3%
印刷会社・組版会社	5	2.7%
その他	9	4.9%

【その他】取り決めはないが、商習慣上、版元が所有と考えている(4)、両社(2)、所有権は印刷会社だが出版社に使用権。出版社の要求によりデータ提供の義務を契約書で明記(1)、印刷会社が所有していることがはっきりしている場合がある(1)、取り決めについて検討中(1)

◎記入なし 7(3.8%)

☞ コラム
「大阪地方裁判所の印刷用データの再利用に関する判例」（P42）もご参照ください

15

(7) コンテンツデータ（組版データ）の保管はどのようにしていますか。

	回答数	%
印刷会社・組版会社で保管	91	49.7%
両者で保管	73	39.9%
自社で保管	14	7.7%
保管しない	0	0.0%
その他	1	0.5%
【その他】基本的には印刷会社・組版会社だが、一部自社保管(1)		
	◎記入なし 4(2.2%)	

(7)-2 自社で保管の場合、印刷会社・組版会社とルールを決めていますか。 ※回答対象社：88 社

	回答数	%
決めている	49	55.7%
決めていない	39	44.3%

(7)-3 決めている場合、どのような内容ですか。

①もらうデータ形式を決めている

	回答数	%
PDF	40	81.6%
DTP	38	77.6%
その他	1	2.0%

②保存目的・その他

	回答数	%
電子書籍への転用	38	77.6%
セキュリティ	11	22.4%
災害時のリスク分散	22	44.9%
資産管理	19	38.8%
その他	10	20.4%
【その他】		
・翻訳出版(5)		
・二次使用のための利用、POD用データ、改訂時のデータ利用（各1）		

(7)-4 自社で保管の場合、コンテンツデータ（組版データ）の消却ルールを決めていますか。

※回答対象社：88 社

	回答数	%
決めている	4	4.5%
決めていない	83	94.3%

決めている内容
・増刷時に初刷および最新刷を残して、他を破棄（2） ・再販不要になった時点 ・できるだけすべてのデータを保存する

(7)-5 印刷会社・組版会社で保管の場合、契約もしくはそれに準じる取り決めを交わしていますか。

※回答対象社：165 社

	回答数	%
交わしている	13	7.9%
場合による	25	15.2%
していない	119	72.1%

(7)-6 交わしている場合、どのような内容ですか。

【保管期限】（6）
・永久 ・絶版にするまで保管

【その他】
・当社の許可のない限り保管、廃棄はできない（2） ・期限を決めている。システム変更時に相談 ・個別の事情に応じて

(8) 海外で書籍制作（組版・印刷・製本等）をしていますか。

	回答数		回答数
している	29（15.8%）	していない	149（81.4%）

主な国
中国（23）、韓国（6）、台湾（3）、アメリカ（3）、シンガポール（2）、タイ（2）、マレーシア（2）、UAE（2）、オーストラリア、クロアチア、スペイン、バルト三国、欧州（各1）

【資材】

(9) 書籍本文用紙の購入方法とその購入先は、どの位の割合ですか。

自社で購入　：　印刷会社で購入	回答数	％
100：　　　　　　　　　　　0	72	39.3%
99〜90：　　　　　　　1〜10	38	20.8%
80〜60：　　　　　　15〜40	13	7.1%
50：　　　　　　　　　　　50	6	3.3%
30〜20：　　　　　　70〜80	11	6.0%
10〜5：　　　　　　90〜95	7	3.8%
0：　　　　　　　　　　　100	30	16.4%
ケースバイケース	1	0.5%

◎記入なし 5（2.7%）

(10) 書籍本文用紙に輸入紙を使用していますか。

	回答数	％
①使用している	16	8.7%
②使用していない	158	86.3%
記入なし	9	4.9%

(11) 2016 年以降、書籍本文用紙代は変わりましたか。

		回答数（％）			回答数（％）
上がった		89（48.6%）	下がった		4（2.2%）
	1〜9%	17（9.3%）		1〜5%	2（1.1%）
	10〜15%	40（21.9%）		10%	1（0.5%）
	20%	2（1.1%）		30%	1（0.5%）
	キロ単価 10 円	1（0.5%）	変わらない		82（44.8%）

◎記入なし 8（4.4%）

書籍本文用紙代の推移

18

(11)-2　用紙値上げでどう対応しましたか。　対象数:89 社

本文用紙の斤量を	本文用紙のグレードを	本体価格を	回答数	％
下げた	下げた	上げた	2	2.2%
下げた	下げた	同じ	5	5.6%
下げた	同じ	上げた	1	1.1%
下げた	同じ	同じ	5	5.6%
同じ	下げた	上げた	2	2.2%
同じ	下げた	同じ	5	5.6%
同じ	同じ	上げた	34	38.2%
同じ	同じ	同じ	24	27.0%

【その他】24（27.0%）

・代替品を採用
・小台が出ないように編集
・一部の本文用紙につき影響は軽微
・今のところ、上昇分は印刷会社の協力で吸収
◎特に対応せず　2(2.0%)

(12)　書籍本文用紙の予備、残部はどのようにしていますか。(複数回答可)

	回答数	％
①自社で管理	10	5.5%
②印刷会社に預けている	59	32.2%
③予備・残部は残さない	115	62.8%
④その他	4	2.2%
【その他】印刷会社に一任、印刷会社に差し上げている、印刷会社とはかり、最適化している、用紙メーカーに預けている、文庫輪転用紙の残紙については、別タイトルに流通流用するよう印刷所に指示。その他の書籍の本文平判用紙は印刷所が処分		

*(13) スリップは作っていますか。

	回答数	%
つくる	95	51.9%
ほとんどつくらない	70	38.3%
一部採用	14	7.7%
今後廃止する予定	4	2.2%

(14) カバー、箱、スリップ等の予備はどのようにしていますか。

	回答数	%
①つくる	165	90.2%
②ほとんどつくらない	15	8.2%
記入なし	3	1.6%

【製本】

(15) PUR 製本はしていますか。

	回答数	%
①いる	97	53.0%
②いない	80	43.7%
記入なし	6	3.3%

(15)-2　新刊の何点を PUR 製本にしていますか。（年間発行分で）

点数	回答数	%
～10 点	72	39.3%
～20 点	7	3.8%
50～60 点	4	2.2%
80 点	3	1.6%
100 点	1	0.5%
割合	回答数	%
70%	1	0.5%
記入なし	95	51.9%

(15)-3 その目的はなんですか。

目的	回答数
開きやすさ・使いやすさ	55
強度・堅牢	22
低コスト	4
本文の抜けが懸念される場合	3
教科書、テキスト類での学習の際の利便性用	3
製本所の薦め	1
読者のため	1

（絵本、塗り絵、図鑑、写真、画集、辞典、単語帳、手芸、書き込みする形式の本等）

（頁数の多いものなど）

(16) 並製本に見返しを付けていますか。（新刊年間発行分で）

	回答数	%
100%	80	43.7%
99〜90%	29	15.8%
80〜60%	24	13.1%
50%	7	3.8%
40〜3%	20	10.9%
0%	12	6.6%
ケースバイケース	1	0.5%

(17) 製本の予備（余丁）は入帳していますか。

	回答数	%
いる	115	62.8%
いない	55	30.1%
記入なし	13	7.1%

(18) 製本の予備（余丁）の製本代は支払っていますか。

	回答数	%
いる	63	34.4%
いない	106	57.9%
記入なし	14	7.7%

【その他】

(19) 印刷会社・製本会社・用紙代理店等と取引契約（単価契約）をしていますか。

	回答数	%
している	69	37.7%
していない	56	30.6%
しているものもある	51	27.9%
その他	2	1.1%
【その他】覚書を交わしている、長年の関係		

◎記入なし 5(2.7%)

(20) 印刷形態以外では、どのような形態の出版をしていますか。

	回答数	%
電子書籍	149	81.4%
オンライン （有料コンテンツ・アプリも含む）	35	19.1%
DVD	30	16.4%
その他	5	2.7%
【その他】オーディオブック、電子辞書、検討中		

印刷形態以外の出版形態

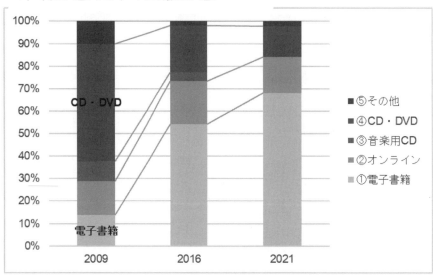

(21) 複合出版物(書籍・雑誌＋玩具・DVD・化粧品等の再販非対象商品)を出版していますか。

	回答数	%
出版していない	130	71.0%
出版している	49	26.8%
記入なし	4	2.2%

2016 年	2009 年
53.7%	44.4%
43.3%	54.3%

出版している複合出版物	回答数
書籍＋DVD	26
書籍＋CD-ROM	14
書籍＋玩具	9
書籍＋グッズ・雑貨	2
【その他】音声ペン付き絵本、マルチメディア商品、健康促進器具、手芸キット、カレンダー	

(22) 書籍刊行に際し、環境に配慮していることがあれば具体的にご記入ください。

・FSC（6）：FSC マークの取得、FSC 認証の資材の使用

・インク（10）：

　植物油系、ソイインキ、ベジタブルインキ、ライスインキ、環境配慮型インキ

・採用する用紙（12）：

　環境に配慮した用紙、FSC 認証の用紙、再生紙、一部間伐材を使用した用紙、コート紙を避ける

・用紙の削減（9）：

　校正紙などの削減、適正部数を考える、刷り部数を減らす、付物類は面付を工夫して紙の無駄が多くならないようにする、余丁等がでないよう、ヤレが多くでないよう、印刷会社と協力して用紙を調整、紙ゴミはリサイクルにまわす、オンデマンド化の推進、電子化の推進

・印刷・製本（6）：

　PP 加工は避ける、ニス引きのみとする、PRU 製本の利用（断裁処理時の環境負荷がホットメルトに比して、PUR の方が少ないため、結果的に環境への配慮になっている）、ビニールカバーは付けない、カット無線をアジロに、グリーン電力を利用して印刷、水なし印刷等の配慮

・その他：

　資源、時間を無駄にせず、余裕をもったスケジュールで流通コストの削減も目指す

*(23) コロナ禍によって、編集や製作等の関連で変化したこと、問題点や課題などがあれば、ご記入ください。

・PDFによる校正（10）：校正ミスが増えた（2） ・オンライン入稿、出稿（6） ・オンラインやクラウドの導入
【テレワークの導入・制度化】 〈デメリット〉 ・連携不足、業務進行の遅れ（6） ・在宅勤務の設備環境が整っておらず、効率低下（4） ・編集にテレワークは適さない、希望しない（2） ・出社の調整に苦労した 〈メリット〉 ・テレワークとオフィスのハイブリットで働きやすくなった ・編集・制作が在宅でもできることは新鮮な発見だった ・編集部員のテレワークは、現在のところ、うまくいっている ・他部門や外部との連携がスムーズ
【行動制限】 ・著者・印刷会社等の面談がしずらくなった、オンライン打合せに切り替えた（16） 　　〈オンライン打合せのデメリット〉 　　→コミュニケーション不足（6） 　　→紙の手触りなど現物を見せて話をすることができない 　　→色の確認は現物をみるしかないため、リモートではできない 　　〈メリット〉 　　→時間的なメリットを受けた ・撮影、出張取材の制限、制限に伴うスケジュール延滞（6） ・緊急事態宣言が明けた時、仕事が集中し大変 ・原稿が著者で止まる時間が長くなった ・人に直接会う機会が減り、企画の立案が難しい ・新規著者、スタッフの開拓がしにくい ・各種イベント・学会の中止による情報不足
【その他】 ・コロナ禍に限ったわけではないが、小規模の紙工業者の廃業で、特殊な紙加工を必要とする商品の継続に不安がある ・海外製造の時にコンテナ不足で納期が遅れた ・紙の手配がますます難しくなった（2） ・取次への搬入日が早まったため、見本日が前倒しになった ・取材先が外食関係なので、思ったような取材ができてよかった ・普及販路が制限されて、発売部数が少なくなった

4. 本体価格・発行部数関係について

（1）初版の原価計算の原案作成は、どこで決定しますか。

	回答数	%
編集責任者	67	36.6%
製作責任者	59	32.2%
役員会（社長決裁を含む）	25	13.7%
定価・部数決定会議	23	12.6%
編集担当者	13	7.1%
営業責任者	9	4.9%
その他	5	2.7%
【その他】編集・営業担当者、資材製作局、刊行部、企画会議、必要に応じて編集部・営業部が協議、最終的に専務理事決裁		

（2）初版の本体価格・発行部数は、どこで決定しますか。

	回答数	%
定価・部数決定会議	75	41.0%
役員会（社長決裁を含む）	60	32.8%
編集責任者	28	15.3%
営業責任者	24	13.1%
製作責任者	10	5.5%
その他	6	3.3%
【その他】企画会議（2）、編集・営業担当者、価格は編集者・部数は営業、各編集担当者と役員・営業が都度相談、必要に応じて編集部・営業部が協議し最終的に専務理事決裁　　◎記入なし 4(2.2%)		

(2)-2　重版・増刷の決定は。

	回答数	%
上記と同様	112	61.2%
営業（部・責任者）	33	18.0%
重版会議・増刷・部数決定会議	7	3.8%
営業＋社長・役員	5	2.7%
社長・役員会	4	2.2%
販売	2	1.1%
営業＋編集	2	1.1%
ケースバイケース	2	1.1%
編集	1	0.5%
編集＋役員	1	0.5%
製作部	1	0.5%
記入なし	13	7.1%

(2)-3　重版・増刷の際、価格改定はしますか。　　　　　　　　　　　※過去との比較

	回答数	%		2016 年	2009 年
①改定する	5	2.7%		0.4%	16.8%
②改定しない	101	55.2%		60.2%	73.7%
③場合による	69	37.7%		37.2%	3.4%

【場合による】原価上昇(20)、経年経過(17)、刷り部数の減少(11)、
仕様変更・頁数・改訂(4)、現在の市場価格(2)、CTP へ移行した際(1)、
基準となる損益分岐点を超えた場合(1)、オンデマンドに切り替えた
際(1)、文庫の復刊に近い重版(1)、ロイヤリティの変更、必ずしも重
版の際に価格改定するわけではない

◎記入なし 8（4.4%）

(3) 本体価格を決定する際、通常次のどのような事項を考慮していますか。(複数回答可)

	回答数	%
直接製作費(用紙、印刷、製本費)	171	93.4%
印税・原稿料	150	82.0%
初版販売見込部数	136	74.3%
類書の本体価格	127	69.4%
編集費	109	59.6%
外注費	108	59.0%
読者層	103	56.3%
内容の価値	73	39.9%
重版販売見込部数	63	34.4%
編集人件費	62	33.9%
宣伝・広告費	35	19.1%
販売経費	30	16.4%
編集・製作に要する期間	23	12.6%
その他（総原価）	1	0.5%

※「宣伝・広告費」（2016 年 33.6%、2009 年 33.6%、2005 年 34.8%）

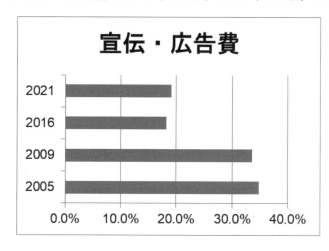

(4) 初版発行部数を決定する際、通常次のどのような事項を考慮していますか。(複数回答可)

	回答数	%
自社類書の実績	143	78.1%
他社類書の売行き	100	54.6%
営業部員の判断	92	50.3%
編集・製作・営業責任者の経験とカン	89	48.6%
編集・製作部員の判断	63	34.4%
著者の買い上げ数	63	34.4%
取次・書店の意見	33	18.0%
オンライン書店データ	30	16.4%
助成金	17	9.3%
読者調査	10	5.5%
その他	12	6.6%

【その他】テキスト・教科書の採用部数(5)、事前注文数(4)、部の規定

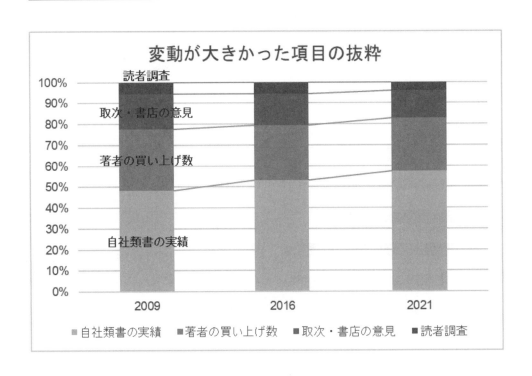

(5) 初版の本体価格は、平均して直接製作費（用紙、印刷、製本費）のほぼ何倍になりますか。

	回答数	%
2倍未満	5	2.7%
2倍	8	4.4%
2.5倍	23	12.6%
3倍	58	31.7%
4倍	30	16.4%
3～4倍	4	2.2%
5倍	18	9.8%
それ以上	21	11.5%
その他	7	3.8%
【その他】ジャンル・部数・仕様体裁等によって異なる		
◎記入なし 11(6.0%)		

(6) 新刊書籍の本体価格は点数平均で2016年以降上がりましたか、下がりましたか。

	回答数	%
①上がった	103	56.3%
②下がった	5	2.7%
③変わらない	73	39.9%
記入なし	2	1.1%

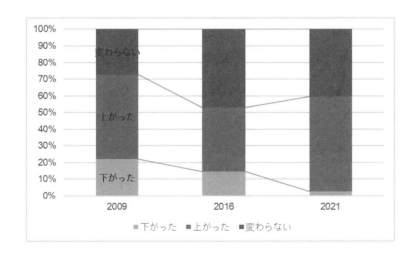

(6)-2 平均本体価格が変動した場合の主な要因は。

【上昇した要因】	回答数	【低下した要因】	回答数
初版部数減・売上部数減	42	ページ数が少ない本の増加	2
材料費・用紙代	21	印刷費の減少	2
人件費	13	価格の低い物が動きがよい	1
印刷・製本費	20	製本を並製にした	1
製作費	10	翻訳書の減少	1
輸送費（取次運賃負担金含む）	9		
価格見直し	7		
【その他】市場変化（3）、高額商品タイトル数が増えた(2)、付加価値をつけた(2)			

(7) 初版発行部数の完売見込みは、およそどの位の期間を想定しますか。

	回答数	%
半年間	23	12.6%
1年間	41	22.4%
2年間	53	29.0%
3年間	36	19.7%
5年間以上	13	7.1%
ものによる	5	2.7%
その他	8	4.4%
【その他】考慮していない(5)、1～3年(3) ◎記入なし9（4.9%）		

(8) 重版・増刷の判断はどのようにしていますか。

	回答数	%
①品切れ前、品薄時	159	86.9%
②品切れと同時	8	4.4%
③ある程度の品切れ期間をおいて	7	3.8%
④その他	8	4.4%
【その他】ケースバイケース、POS・実売状況、ネット書店の需要、普及の速度 ◎記入なし2(1.1%)		

(9) 重版・増刷部数は、通常最低何部以上としていますか。

	回答数	%
300 部未満	13	7.1%
300 部以上	23	12.6%
500 部以上	51	27.9%
1,000 部以上	58	31.7%
1,500 部以上	13	7.1%
2,000 部以上	10	5.5%
3,000 部以上	1	0.5%
その他	9	4.9%
【その他】価格帯・ジャンルによる（3）、部数に関する取決め無し（3）、原価次第(2)、1万部以上(1)　　　◎記入なし 7 (3.8%)		

(10) オンデマンド印刷による出版について。

		回答数	%
①している		100	54.6%
	1〜10 点	34	
	11〜50 点	24	
	60〜150 点	11	
	200 点	2	
	500 点	1	
	1000 点	2	
	2000 点	1	
②していない		80	43.7%

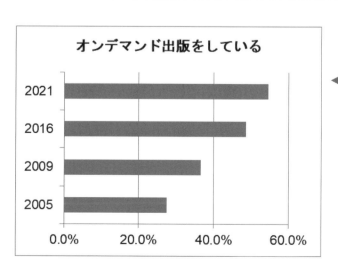

オンデマンド出版をしている

2021
2016
2009
2005

0.0%　20.0%　40.0%　60.0%

(10)-2 オンデマンド印刷をどのように利用していますか。（複数回答可）

	回答数	%
新刊として	13	13.0%
重版として（ISBN は変更しない）	63	63.0%
新商品に近い位置付けで、受注に応じて 1 部から製作するため（ISBN を変更）	26	26.0%
新商品に近い位置付けで、少部数を製作するため（ISBN を変更）	13	13.0%
その他	9	9.0%
【その他】別商品として、特殊なもののみ、教材もの、市販以外、拡大教科書、紙の本として残せないもの、絶版本の復刻		

*(10)-3 オンデマンド印刷化する手段は。（複数回答可）

	回答数	%
組版データから	71	71.0%
原本からデータ化	59	59.0%
フィルムからデータ化	13	13.0%
その他（電子データ・PDF からデータ化）	2	2.0%

(10)-4 オンデマンド印刷による出版を行う理由、用途は何ですか？

	回答数
少部数印刷に対応するため	34
品切れ回避（重版が難しいためを含む）	17
教科書採用への対応	12
在庫の負担軽減	11
顧客ニーズ対応など	10
コスト削減	9
著者サービス	8
名著の復刊	3
拡大教科書	2
巻数本の欠本補充	2
【その他】改訂直前でオフセットで増刷できない際の増刷、売れ筋	

(10)-5 オンデマンド印刷による少部数重版・製作の場合、何部まで（上限）製作したことがありますか。

※回答対象社：100 社

	回答数	%
1〜10 部	10	10.0%
30〜70 部	11	11.0%
100〜150 部	19	19.0%
200〜300 部	34	34.0%
500〜700 部	12	12.0%
1000 部	1	1.0%

(10)-6 オンデマンド印刷による出版を行う場合に本体価格は変えますか。また、本体価格を決定する
際、どのような事項を考慮していますか。

	回答数	%
① 変える	26	26.0%
【考慮する事項】コスト（10）、ページ数(4)、以前との価格差、関連書の価格、経年劣化、基準となる価格設定		
② 変えない	38	38.0%
③ 場合による	33	33.0%
【考慮する事項】コスト（9）、初版時との市場の差(2)、市中在庫(2)、「利益率」と「商品に見合う価格」のバランス(2)、販売見込数(2)		

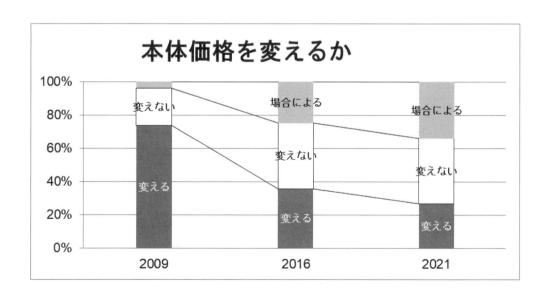

5. 電子書籍について（雑誌は含めない）

(1) 電子書籍を刊行していますか。

	回答数	％
① している	152	83.1%
② していない	31	16.9%

【していない理由】
商品群の性質上、電子書籍に適するものがないため（7）、人手不足等・環境が整っていない（4）、採算がとれない（3）、準備中・検討中（3）、対応予定(2)、緊デジ対応は実施したが、その後はしていない(1)

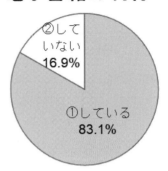

電子書籍の刊行
②していない 16.9%
①している 83.1%

---- 以後、電子書籍を刊行している出版社のみ回答 （対象：152 社）----

(2) 刊行のタイミングは。

※前回回答との比較

	回答数	％	2016 年
新刊はほぼ紙版書籍の発行と同時	82	53.9%	21.0%
紙版書籍刊行後 1～3 か月後	22	14.5%	
特に決めていない・ケースバイケース	12	7.9%	
紙版書籍刊行後 6 か月	6	3.9%	
紙版書籍刊行後 1 年	4	2.6%	
著者希望	4	2.6%	
売れ行きなど検討し、既刊の中から判断	3	2.0%	
品切・絶版時	3	2.0%	
既刊本は随時	2	1.3%	
毎月定期的に刊行	2	1.3%	
重版時	2	1.3%	
著作権がクリアになってから	2	1.3%	
緊デジのみ	3	2.0%	

【その他】Amazon の勧め、取引先の電子サービス時にあわせ、紙の書籍の内容と著者によって

(3) 個人向け電子書籍を何点刊行していますか。（2020 年 12 月までに）

	回答数	%
0 点	17	11.2%
1 点～9 点	16	10.5%
10 点～99 点	54	35.5%
100 点～999 点	40	26.3%
1,000 点～9,999 点	17	11.2%
10,000 点～	3	2.0%
記入なし	5	3.3%

(3)-2 刊行している場合、リフロー型・フィックス型等の割合はどの位ですか。【回答対象：130 社】

リフロー型（%）	フィックス型（%）	アプリその他（%）	回答数	%
100	-	-	17	13.1%
-	100	-	24	18.5%
-	-	100	2	1.5%
50～57	50～43	-	8	6.1%
99～80	1～20%		33	25.4%
70	15	15	1	0.8%
70～60	30～40	-	8	6.2%
40～30	60～70	-	6	4.6%
40	50	10	1	0.8%
20～1	99～80	-	14	10.8%
8	91	1	1	0.8%
-	7	93	1	0.8%

※割合の大きい項目で集約しています

(3)-3 希望小売価格は紙版を基準としてどのように決めていますか。（複数回答可）

	回答数	%
① 紙版より安く	59	45.4%
② 紙版と同じ	83	63.8%
③ 紙版より高く	9	6.9%

(3)-4　どのようなルートで販売していますか。（複数回答可）

	回答数	%
①　自社で直接取引	20	15.4%
②　電子書店・電子取次経由	127	97.7%
③　その他	4	3.1%
【その他】書店、まなびライブラリー、医書.jp		

(4)　公共図書館向け電子書籍を何点刊行していますか。（2020 年 12 月まで）

	回答数	%
①0 点	88	57.9%
②1 点〜9 点	4	2.6%
③10 点〜99 点	24	15.8%
④100 点〜999 点	26	17.1%
⑤1,000 点〜9,999 点	3	2.0%
⑥10,000 点〜	0	0.0%
記入なし	7	4.6%

(4)-2　刊行している場合、リフロー型・フィックス型等の割合はどの位ですか。【回答対象：57 社】

リフロー型（%）	フィックス型（%）	アプリその他（%）	回答数	%
100	-	-	6	10.5%
95〜60	5〜40	-	12	21.1%
55	44	1	1	1.8%
50	50	-	1	1.8%
40〜1	99〜60	-	8	14.0%
-	100	-	24	42.1%
-	-	100	1	5.3%

※割合の大きい項目で集約しています

(4)-3 希望小売価格は紙版を基準としてどのように決めていますか。（複数回答可）

	回答数	%
① 紙版より安く	9	15.8%
② 紙版と同じ	14	24.6%
③ 紙版より高く	38	66.7%

(4)-4 どのようなルートで販売していますか。（複数回答可）

	回答数	%
① 自社で直接取引	5	8.8%
② 電子書店・電子取次経由	55	96.5%
③その他	0	0.0%

(5) 教育機関（大学・大学図書館ほか）向け・企業向け電子書籍を何点刊行していますか。（2020 年 12 月まで）

	回答数	%
①0 点	74	48.7%
②1 点～9 点	12	7.9%
③10 点～99 点	26	17.1%
④100 点～999 点	24	15.8%
⑤1,000 点～9,999 点	4	2.6%
⑥10,000 点～	0	0.0%
記入なし	12	7.9%

(5)-2 刊行している場合、リフロー型・フィックス型等の割合はどの位ですか。【回答対象：66 社】

リフロー型（%）	フィックス型（%）	アプリその他（%）	回答数	%
100	-	-	6	9.1%
90	10	-	4	6.1%
86～60	14～40	-	7	10.6%
50	50	-	2	3.0%
40～1	99～60	-	11	16.7%
-	100	-	28	42.4%
-	-	100	4	6.1%

(5)-3　希望小売価格は紙版を基準としてどのように決めていますか。（複数回答可）

	回答数	%
①　紙版より安く	7	10.6%
②　紙版と同じ	17	25.8%
③　紙版より高く	44	66.7%

(5)-4　どのようなルートで販売していますか。（複数回答可）

	回答数	%
①　自社で直接取引	7	10.6%
②　電子書店・電子取次経由	62	98.5%
③　その他	1	1.5%
【その他】印刷業者		

(6)　電子書籍は社内のどの部門が主に担当していますか。

	回答数	%
編集部	67	44.1%
独立した部門	37	24.3%
営業部	31	20.4%
製作部	25	16.4%
その他	7	4.6%
【その他】マーケティング部、管理部門、いろいろな部門の担当者が集まっている、英文書は提携海外出版者と英文書担当部門の協議、役員		

(7)　電子書籍データはどこで製作していますか。（複数回答可）

	回答数	%
製作会社	85	55.9%
紙版の組版所	64	42.1%
社内	39	25.7%
印刷会社	4	2.6%
その他	7	4.6%
【その他】出版デジタル機構、外注、関連会社、子会社		

(8) 電子書籍データ製作について取引先と価格はどのように決めていますか。

【リフロー型の場合】	回答数
都度見積もり	15
協定料金・定額	15
基本単価(頁、作業)＋オプション	12
希望価格＋交渉	11
ケースバイケース	5
単価・包括的契約	3
紙版をベースに価格決定	3
【その他】紙版より約40％安く設定、紙版と同価格、紙版の製作費に含む、製作会社負担、出版デジタル機構を利用、自社製作、版元で決定、1社のみに依頼、無料の時のみ依頼	

【フィックス型の場合】	回答数
基本単価(頁、作業)＋オプション	21
都度見積もり	16
希望価格＋交渉	14
定額	14
紙版の製作費に含む	4
ケースバイケース	3
【その他】決まった業者のみ、契約書に基づく、版元で決定、社内製作、紙版をベースに検討、無料の時のみ依頼	

【アプリその他の場合】	回答数
都度見積もり	2
希望価格＋交渉	2
ケースバイケース	2
【その他】製作会社負担、社内製作、紙版をベースに検討	

(9) 電子書籍データ製作についてコストダウンや品質管理への取り組みがあれば具体的にご記入ください。

【コストダウン】

・社内製作時のコスト明確化、総労働時間の削減（6）

・業者の使い分け、厳選（5）

・相見積をとる（3）

・製作会社（印刷所）との連携（3）

・自社製作（2）

・効率的に行う方法等、最新情報を収集（2）

・ワンソース・マルチユースが可能なインフラを整備すること

・電子化できるデータがある作品から選んでいる

・画像やリンクの扱いを見直し、価格交渉

【品質管理】

・社内製作時の品質保持（校正、検品など）（5）

・紙が重版がかからずに訂正できない箇所も電子版のみには修正して改訂する

・内部検証体制がしっかりしている制作会社に発注する

・底本の内容を修正しない

(10) 電子書籍全般について今後の取り組みや課題があれば具体的にご記入ください。

【売上・販売・刊行】

・コンテンツ数の増加

・紙版との同時発売（配信）

・データのない絶版本などの電子化対応

・売上の向上

・卸先との正味交渉が出来るかどうか

・販売促進

・販売手法・販路、サービスが多数ありすぎること

・自社製作への取組み

・商品管理と売上管理の全般

・検索できないので撤退。他の方法を探る

【ジャンル】

・児童書の電子版

・大学採用教科書ほか、ニーズに応じた展開・専門書出版会社にとって電子書籍で収益をあげる施策があればご教授頂きたい

【著作権】

- ・印税の計算とその管理、契約状況の把握・契約手続きの簡略化
- ・ロングセラーの翻訳書の高額な追加印税

【技術】

- ・WEBTOON（縦スクロール）への対応
- ・リフロー型への対応、その際のコスト問題
- ・通信環境の向上に応じた高画質化
- ・電子書籍を想定した組版データの持ち方の研究

【その他】

- ・海賊版対策
- ・人手不足

◆◆◆ コラム ◆◆◆

印刷業者は出版社の合意がない限り、
印刷用データの再利用ができないとの商慣行を認定

　大阪地方裁判所が、2017年1月12日に、「印刷・製本契約を締結した出版社と印刷業者の間では、印刷業者は、出版社の許諾を得ない限り、印刷用データの再利用をすることができないとの商慣行が存在していると認めるのが相当である」との判断を下しました。
　また、その印刷業者の所有する印刷用データを用いて新たな出版物を制作した出版社に対しても、「出版社である以上、上記のような商慣行を認識していたはずであり、当該印刷会社が原出版社の許諾を得ない限り、印刷用データの再利用をすることができないとの義務を負っていたことを認識していたといえる」とし、責任を認めました。
　後行出版社は、当該出版物に掲載された写真の著作権者からは許諾を得ていましたが、先行出版社の許諾を得ずに、印刷業者の持っていた印刷用データを利用したものです。
（平成29年1月12日大阪地裁判決、平成27年（ワ）第718号　損害賠償等請求事件）

　印刷用データの再利用に関しての判例は過去に例がなく、その点では初めてのものであるといえます。特に、著作権者の許諾を得たとしても、印刷用データの再利用には先行出版社の許諾が必要であるとした点は画期的なものと評価できると思います。
　ただし、製版フィルムや印刷用データといった印刷の過程で生じる中間生成物については、所有権は印刷業者にあるという判例が複数存在しますが、今回の判決はそれらの判断を覆すものではないことは注意が必要です。

注）コンテンツデータ、原版フィルムの保管については消却ルール等、あらかじめ印刷会社と責任の所在、所有権等を明確にした契約書を交わすべきでしょう。紛争が生じた場合、契約書がすべてに優先するからです。